DEVOCIONAL GAMER
O MUNDO DE OTÁVIO

1

EXPEDIENTE

DIREÇÃO EDITORIAL
SINVAL FILHO
WEGLISON CAVALARO

**MARKETING
E PRODUTOS**
LUCIANA LEITE

CAPA E ILUSTRAÇÕES
WEGLISON CAVALARO

**PROJETO GRÁFICO E
DIAGRAMAÇÃO**
WEGLISON CAVALARO

REVISÃO
RAFAELLA RIBEIRO

LION EDITORA
RUA DIONÍSIO DE CAMARGO, 106, CENTRO, OSASCO - SP - CEP 06086-100
CONTATO@LIONEDITORA.COM.BR • (11) 4379-1226 | 4379-1246 | 98747-0121
WWW.LIONEDITORA.COM.BR

COPYRIGHT 2024 POR LION EDITORA
TODOS OS DIREITOS SÃO RESERVADOS À LION EDITORA E PROTEGIDOS PELA LEI Nº 9.610 DE 19/02/1998. FICA ESTRITAMENTE VEDADA A REPRODUÇÃO TOTAL OU PARCIAL DESTA OBRA, POR QUAISQUER MEIOS (ELETRÔNICOS, MECÂNICOS, FOTOGRÁFICOS, GRAVAÇÃO E OUTROS), SEM PRÉVIA AUTORIZAÇÃO POR ESCRITO DA EDITORA. ESTE LIVRO É UMA PUBLICAÇÃO INDEPENDENTE, CUJAS CITAÇÕES OU IMAGENS A QUAISQUER MARCAS OU PERSONAGENS SÃO UTILIZADOS SOMENTE COM A FINALIDADE DE REFLEXÃO, ESTUDO, CRÍTICA, PARÁFRASE E INFORMAÇÃO.

**Dados Internacionais de Catalogação na Publicação (CIP)
(eDOC BRASIL, Belo Horizonte/MG)**

C376d Cavalaro, Weglison.
      Devocional gamer / Weglison Cavalaro. – Osasco, SP: Lion, 2024.
      88 p. : il. ; 15 x 21 cm

      ISBN 978-65-87533-86-5

      1. Bíblia – Literatura infantojuvenil. 2. Vida cristã. I. Título.
                                                      CDD 248.4

Elaborado por Maurício Amormino Júnior – CRB6/2422

AGRADECIMENTO

Primeiramente, agradeço a Deus, que é minha fonte de inspiração, minha vida, meu tudo. Sua presença e orientação nos sustentam em cada passo desta jornada.

Gostaria de dedicar um agradecimento especial aos meus filhos, que são a verdadeira força motriz por trás do projeto "OMundoDeOtávio".

Davi, conhecido como Otacílio, é quem comanda o "Gamer OMundoDeOtávio" com tanta paixão e energia. Seu entusiasmo e dedicação fazem cada vídeo ser uma verdadeira aventura.

Victor, o Otaviano, embora já seja um adolescente, sempre nos ajuda nos projetos e é um videomaker incrível. Sua criatividade e habilidades técnicas são fundamentais para o sucesso do nosso canal.

Bella, a nossa pequena Otaviana, ainda não entrou oficialmente no universo do "OMundoDeOtávio", mas é uma grande promessa. Com certeza, ela trará um toque especial e o universo rosa para o nosso canal.

E um agradecimento imenso à minha esposa, Ana Maria, que nos dá todo o suporte, suprindo nossa família com muito amor e acreditando neste projeto mesmo quando tudo era só um sonho. Sem o seu apoio e fé, nada disso seria possível.

Obrigado a cada um de vocês por serem parte essencial desta jornada incrível!

SOBRE O AUTOR

Weglison Cavalaro
Mais Conhecido como "Otávio"

Aos 42 anos, Weglison Cavalaro é a prova viva de que trabalho e propósito podem se unir para impactar a nova geração. Desde sua adolescência, Weglison se dedica a instruir o coração dos pequeninos no caminho do Senhor. Com formação em publicidade e experiência em entretenimento, literatura e jogos, ele criou um mundo de criatividade com significado.

Fundador do querido "OMUNDODEOTÁVIO", Weglison compartilha palavras de amor e fé com crianças, tocando vidas em todo o mundo. Autor da "Bíblia de Estudo Kids OMUNDODEOTÁVIO", ele guia jovens corações com ensinamentos valiosos.

Através de seu canal no YouTube, Weglison não é apenas um contador de histórias, mas um guia amigo, oferecendo mensagens enraizadas no cotidiano, educando e inspirando. A presença de "Otávio" traz sorrisos e sabedoria em cada vídeo. Além das telas, Weglison também ministra em eventos presenciais, levando sua mensagem de fé e amor diretamente às comunidades.

Weglison e sua esposa Ana Maria criaram um lar fundamentado no amor, moldando o futuro de seus três filhos no propósito do Reino de Deus. Chamado por Deus para instruir esta nova geração no caminho do Senhor, Weglison nos lembra que, ao unir esforço e missão, guiados pelo amor e pela fé podemos transformar vidas, plantando sementes de esperança em cada ação e palavra.

Jogando com Responsabilidade

Ei, pessoal! Vamos conversar sobre como jogar videogame de forma saudável e equilibrada, ok? A Bíblia nos dá um ótimo conselho sobre como usar nosso tempo. Em Efésios 5:15-16, diz: "Portanto, prestem atenção na sua maneira de viver. Não vivam como os ignorantes, mas como os sábios. Os dias em que vivemos são maus; por isso, aproveitem bem todas as oportunidades que vocês têm." Isso significa que precisamos equilibrar o tempo que passamos jogando com outras atividades importantes.

Vamos combinar uma coisa? Tente jogar videogame por no máximo uma ou duas horas por dia e faça pausas a cada 30 minutos para descansar os olhos e alongar o corpo. Cuidar bem do nosso corpo é muito importante, afinal, ele é um presente de Deus! Sente-se direito em uma cadeira confortável e mantenha a tela na altura dos olhos para evitar dores nas costas e no pescoço.

Quando for escolher um jogo, peça a ajuda dos seus pais. Eles podem te ajudar a escolher jogos adequados para a sua idade e que sejam divertidos. Jogar em um lugar bem iluminado e sem objetos que possam causar acidentes é uma ótima ideia para evitar machucados e garantir que você esteja jogando com conforto.

Se você gosta de jogar on-line, lembre-se de tratar os outros jogadores com respeito. Nada de usar palavras ruins ou brigar, hein? A Bíblia nos ensina a tratar os outros como queremos ser tratados. E muito importante: nunca compartilhe suas informações pessoais com estranhos na internet. É melhor prevenir do que remediar!

Não se esqueça de fazer outras atividades físicas além de jogar videogame. Brincar ao ar livre, andar de bicicleta ou jogar bola são ótimas maneiras de manter seu corpo forte e saudável. Ah, e sempre converse com seus pais sobre os jogos que você está jogando. Eles podem te dar ótimos conselhos e garantir que você esteja se divertindo de forma segura.

Lembrando dessas dicas, você pode se divertir muito com seus jogos preferidos e ainda cuidar da sua saúde. Coloque Deus em primeiro lugar, faça o que é certo e boa diversão! Jogue com responsabilidade e aproveite ao máximo!

Como Organizar seu Tempo de Tela de Forma Divertida!

Oi, pessoal! Vamos conversar sobre como gerenciar bem o nosso tempo de tela? Isso é super importante para equilibrar nosso dia. Para começar, a Bíblia nos ensina em Eclesiastes 3 que "Há um momento certo para tudo, um tempo para cada atividade debaixo do céu." Isso significa que devemos equilibrar nosso tempo entre diferentes atividades. Para crianças de 6 a 12 anos, a recomendação é passar no máximo uma hora por dia em atividades recreativas na tela. Isso ajuda a garantir que temos tempo suficiente para outras coisas importantes, como estudar, brincar ao ar livre e passar tempo com a família.

Uma ótima maneira de gerenciar seu tempo é usar um planner de rotina. Ele te ajuda a organizar seu dia, garantindo que você faça todas as suas atividades sem esquecer nada. Peça ajuda aos seus pais para criar um planner diário. Juntos, vocês podem listar tudo o que precisa ser feito, desde os deveres de casa até o tempo de lazer. Para baixar um planner de rotina bem legal, use o QR code abaixo. Com ele, você poderá organizar melhor seu tempo, equilibrando diversão e responsabilidades. E não se esqueça de sempre pedir ajuda aos seus pais para planejar seu dia. Eles vão adorar te ajudar a criar uma rotina equilibrada e produtiva.

Com uma boa gestão do tempo, você vai poder aproveitar ao máximo cada momento do seu dia. Vamos nessa?

APONTE A CÂMERA DO CELULAR E BAIXE SEU PLANNER AGORA MESMO. IMPRIMA E FAÇA UM PLANNER DE ROTINA SEMANAL JUNTO COM SEUS PAIS.

SUMÁRIO
DEVOCIONAL GAMER
OMUNDODEOTAVIO

#1 — Construindo na Rocha — 22

#2 — A Armadura de Deus — 24

#3 — Correndo Para Ganhar — 26

#4 — Cuidando do Planeta — 28

#5 — Completei a Corrida — 30

#6 — Convocados — 32

#7 — Planejar para construir — 34

#	Título	Página
#8	Tudo Posso Naquele que me Fortalece	36
#9	A Importância das Regras	38
#10	Não Tenha Medo	40
#11	Nem Tudo é Bom	42
#12	Acertando o Alvo	44
#13	Rios de Águas Vivas	46
#14	O Maior Presente	48
#15	A Força da Obediência	50
#16	Esticando os Relacionamentos	52

SUMÁRIO
DEVOCIONAL GAMER
omundodeotavio

- #17 — Velocidade para Perdoar — 54
- #18 — O Escudo da Oração — 56
- #19 — O Fogo do Espírito — 58
- #20 — O Amor de Muitos Esfriará — 60
- #21 — Força Renovada — 62
- #22 — Nem Só de Pão — 64
- #23 — Hora da Mudança — 66

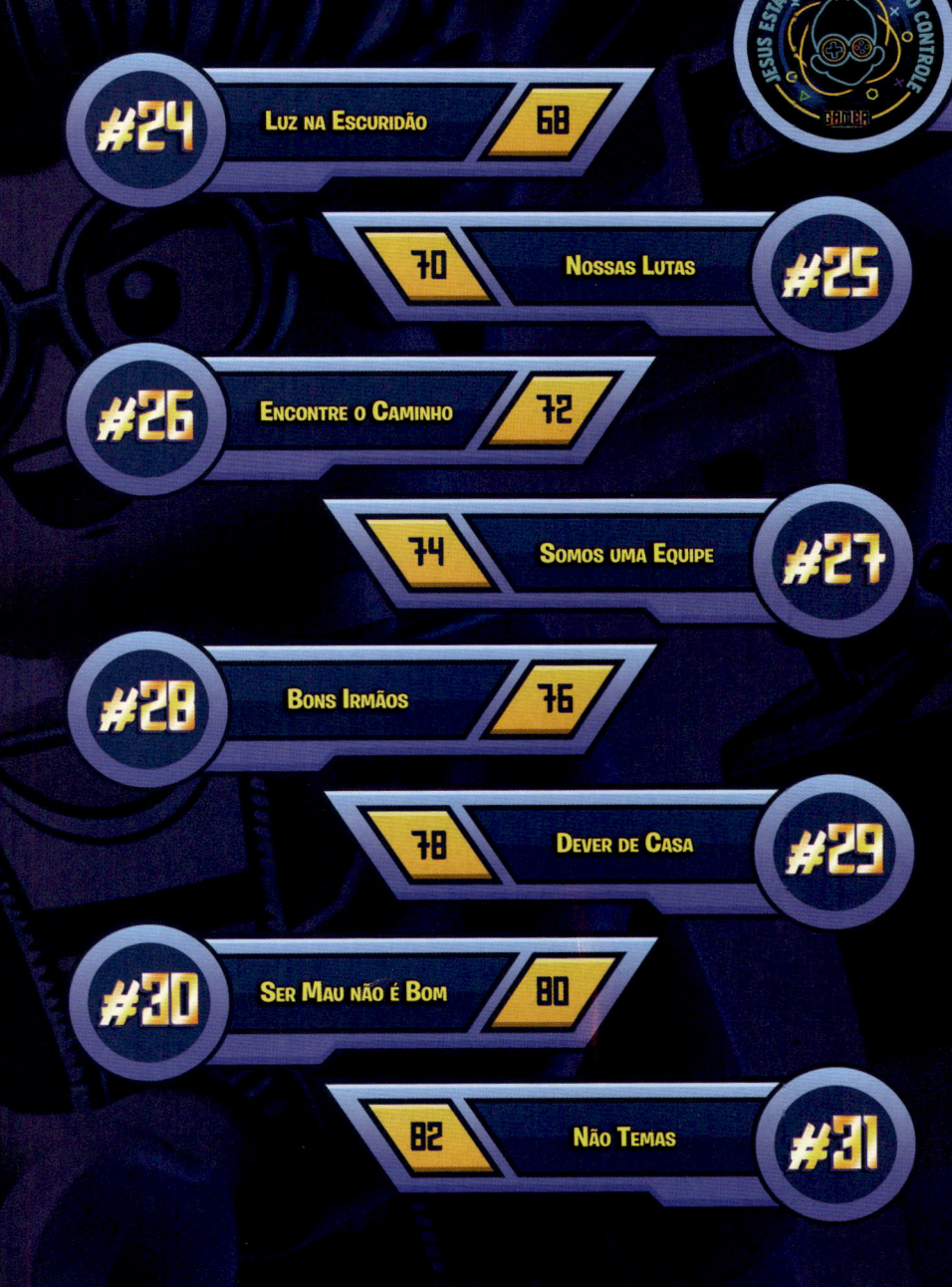

PREFÁCIO

"Em tudo existe uma moral se você conseguir simplesmente notar."

Esta frase de Lewis Carrol, em Alice no País das Maravilhas se aplica muito bem ao livro que você tem mãos. Com muita alegria, apresento e recomendo a leitura do Devocional Gamer do Mundo de Otávio! Weglison Cavalaro, ou melhor, o Otávio, tem realizado um trabalho excepcional a muitos anos, unindo o que a tecnologia tem de melhor, através de seu canal de sucesso no YouTube. Além disso, ele e sua família, têm produzido uma gama muito grande de produtos que tem como objetivo edificar crianças e adolescentes a se apaixonarem por Deus e pela Bíblia. Esta família muito querida, não criou apenas um canal, mas um universo inteiro que tem diversas ramificações, para mostrar como é possível aprender e estudar a Palavra de Deus das mais diferentes formas.

Este livro é uma extensão deste grande projeto familiar, e esta é a chave para aproveitar ao máximo o devocional gamer do Mundo de Otávio. Neste devocional, você encontrará a experiência de pais e filhos em jogos como Lego em diversos universos, Fall Guys, Brawl Stars, Stray, Sonic Racing, entre outros. A partir da leitura, você compreenderá a relação que o autor faz destes jogos com a Armadura de Deus de Efésios 6, com a comunhão cristã, a vida cotidiana, entre tantos outros princípios, escritos com uma linguagem acessível para esta geração. Cada texto termina com perguntas que instigam o leitor a refletir sobre o que leu, além de desafios que permitem ao leitor ou leitora, aplicar aquilo que aprendeu na leitura do texto.

Como se Preparar para o Estudo Devocional

Ter um momento devocional de qualidade é fundamental para fortalecer sua fé e compreender melhor os ensinamentos bíblicos. Aqui estão algumas dicas práticas para você se preparar para o seu estudo devocional, aproveitando ao máximo os recursos oferecidos, incluindo os vídeos com QR Codes que aprofundam o ensino enquanto você assiste.

⭐ **Escolha um Local Tranquilo:**
Encontre um lugar onde você possa se concentrar sem interrupções. Pode ser um cantinho do seu quarto, uma mesa na sala de estar ou até mesmo um espaço ao ar livre.

⭐ **Tenha seus Materiais à Mão:**
Certifique-se de ter tudo o que precisa antes de começar: sua Bíblia, um caderno, canetas ou lápis e o livro "Devocional Gamer: OMUNDODEOTÁVIO". Isso ajuda a manter o foco durante o devocional.

⭐ **Ore Antes de Começar:**
Peça a Deus para abrir seu coração e sua mente para entender a mensagem que Ele quer te transmitir. A oração prepara o espírito para receber o ensinamento com humildade e discernimento.

⭐ **Leia o Capítulo Devocional:**
Leia atentamente o capítulo devocional do dia. Reflita sobre as perguntas e tente responder com sinceridade. Não tenha pressa; o objetivo é realmente entender e internalizar a mensagem.

⭐ **Interaja com os QR Codes:**
Utilize os QR codes para acessar os vídeos que complementam o estudo. Assistir aos vídeos enquanto joga o jogo mencionado ajudará a reforçar o aprendizado e tornar a experiência mais envolvente e prática.

 ANOTE SUAS REFLEXÕES:
Escreva no seu caderno o que você aprendeu, suas dúvidas e como pretende aplicar o ensinamento no seu dia a dia. Anotar suas reflexões ajuda a fixar o conteúdo e permite revisitar suas anotações no futuro.

 COMPARTILHE E DISCUTA:
Converse com seus pais, irmãos ou amigos sobre o que você aprendeu. Compartilhar suas reflexões pode enriquecer ainda mais seu entendimento e ajudar outras pessoas a crescerem espiritualmente.

 ORE NOVAMENTE:
Termine seu devocional com uma oração. Agradeça a Deus pelo tempo de aprendizado e peça ajuda para aplicar o que você aprendeu na sua vida.

Lembre-se: o objetivo do devocional é fortalecer seu relacionamento com Deus e aplicar Seus ensinamentos em sua vida. Aproveite cada momento e permita que a Palavra de Deus transforme seu coração e mente.
Boa leitura e bom jogo!

INTRODUÇÃO

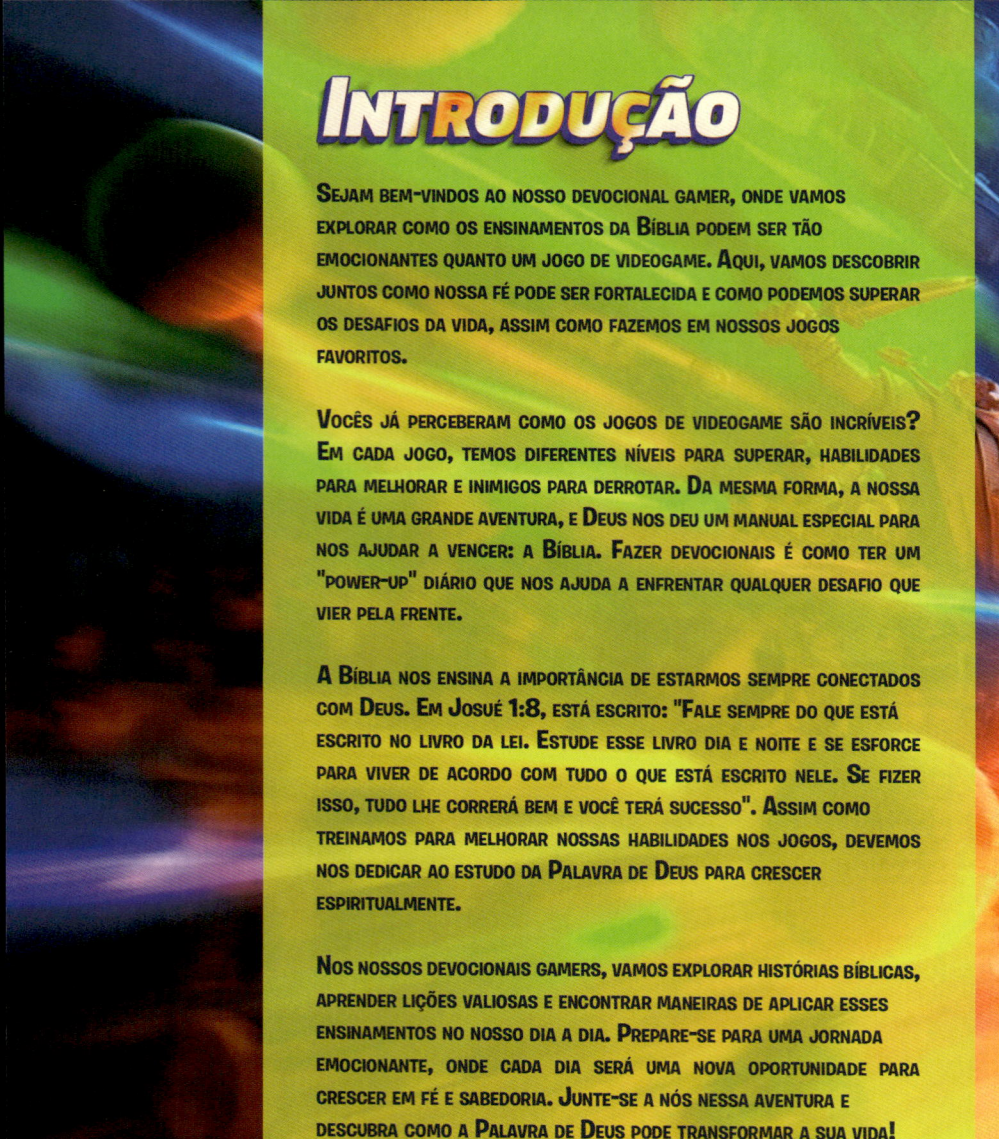

Sejam bem-vindos ao nosso devocional gamer, onde vamos explorar como os ensinamentos da Bíblia podem ser tão emocionantes quanto um jogo de videogame. Aqui, vamos descobrir juntos como nossa fé pode ser fortalecida e como podemos superar os desafios da vida, assim como fazemos em nossos jogos favoritos.

Vocês já perceberam como os jogos de videogame são incríveis? Em cada jogo, temos diferentes níveis para superar, habilidades para melhorar e inimigos para derrotar. Da mesma forma, a nossa vida é uma grande aventura, e Deus nos deu um manual especial para nos ajudar a vencer: a Bíblia. Fazer devocionais é como ter um "power-up" diário que nos ajuda a enfrentar qualquer desafio que vier pela frente.

A Bíblia nos ensina a importância de estarmos sempre conectados com Deus. Em Josué 1:8, está escrito: "Fale sempre do que está escrito no livro da lei. Estude esse livro dia e noite e se esforce para viver de acordo com tudo o que está escrito nele. Se fizer isso, tudo lhe correrá bem e você terá sucesso". Assim como treinamos para melhorar nossas habilidades nos jogos, devemos nos dedicar ao estudo da Palavra de Deus para crescer espiritualmente.

Nos nossos devocionais gamers, vamos explorar histórias bíblicas, aprender lições valiosas e encontrar maneiras de aplicar esses ensinamentos no nosso dia a dia. Prepare-se para uma jornada emocionante, onde cada dia será uma nova oportunidade para crescer em fé e sabedoria. Junte-se a nós nessa aventura e descubra como a Palavra de Deus pode transformar a sua vida!

Vamos começar nossa jornada com entusiasmo e coração aberto, prontos para aprender e crescer juntos. Que Deus nos abençoe e nos guie em cada passo dessa grande aventura!

#1 Construindo na Rocha

Olá, galera! Hoje vamos aprender uma lição importante da Bíblia enquanto jogamos "Minecraft". No vídeo de hoje, construímos uma casa na montanha de pedra, que nos lembra da história que Jesus contou sobre o homem sábio que construiu sua casa na rocha. Quando vieram as chuvas e os ventos fortes, a casa não caiu porque estava firme na rocha.

Jesus usou essa história para nos ensinar que devemos ouvir e praticar Seus ensinamentos. Assim, quando enfrentarmos dificuldades e desafios, estaremos firmes e seguros, como a casa construída na rocha.

No "Minecraft", é legal construir casas incríveis, mas, na vida real, nossa base deve ser a Palavra de Deus. Quando seguimos os ensinamentos de Jesus, estamos construindo nossa vida na rocha, e nada poderá nos derrubar.

Perguntas de Reflexão:

1. Segundo os ensinamentos de Jesus, o que significa construir sua vida na rocha?
2. Quais são algumas tempestades ou desafios que você enfrenta, e como os ensinamentos de Jesus podem te ajudar a superá-los?
3. Como você pode praticar os ensinamentos de Jesus no seu dia a dia?

Chamada para Ação:

Nesta semana, escolha um versículo da Bíblia para ler todos os dias e tente praticar o que ele ensina. Pode ser algo simples, como ser gentil com um colega ou ajudar em casa. Escreva sobre sua experiência e como isso te ajudou a construir sua vida na rocha.

"Quem ouve esses meus ensinamentos e vive de acordo com eles é como um homem sábio que construiu a sua casa na rocha".

Mateus 7:24
NTLH

APONTE A CÂMERA DO CELULAR PARA O QR CODE ABAIXO:

"Por isso peguem agora a armadura que Deus lhes dá. Assim, quando chegar o dia de enfrentarem as forças do mal, vocês poderão resistir aos ataques do inimigo e, depois de lutarem até o fim, vocês continuarão firmes, sem recuar".

Efésios 6:13
NTLH

 APONTE A CÂMERA DO CELULAR PARA O QR CODE ABAIXO:

A Armadura de Deus

Oi, pessoal! Nós jogamos "LEGO Marvel Super Heroes 2" e nos divertimos muito com os personagens da Marvel em suas versões "LEGO". Cada personagem tem habilidades especiais e precisa da ajuda dos outros para vencer desafios, o que nos lembra de uma lição importante da Bíblia sobre como devemos nos ajudar mutuamente e vestir a armadura de Deus.

A armadura de Deus é composta por várias partes que nos protegem contra as dificuldades e tentações da vida. Assim como no jogo, onde usamos diferentes poderes e habilidades para enfrentar os inimigos, na vida real, usamos a armadura de Deus para resistir ao mal. Cada peça da armadura representa algo importante:

- O cinturão da verdade;
- A couraça da justiça;
- As sandálias do evangelho da paz;
- O escudo da fé;
- O capacete da salvação;
- A espada do Espírito, que é a Palavra de Deus.

Assim como o "Homem de Ferro coloca sua armadura para se proteger e lutar, devemos nos vestir com a armadura de Deus todos os dias para sermos fortes e inabaláveis.

Perguntas de Reflexão:

1. Quais partes da armadura de Deus você já está usando em sua vida? Como elas te ajudam no dia a dia?
2. Por que é importante ajudarmos uns aos outros, como os personagens fazem no jogo?
3. Como você pode vestir a armadura de Deus de maneira prática esta semana?

Chamada para Ação:

Nesta semana, escolha uma parte da armadura de Deus para focar. Pode ser o escudo da fé, o capacete da salvação ou qualquer outra peça. Reflita sobre como você pode aplicá-la em situações do seu dia a dia e escreva sobre sua experiência.

CORRENDO PARA GANHAR

No jogo "Fall Guys", nossa missão é correr, pular e desviar de obstáculos para alcançar a coroa no final. Paulo usa a corrida como uma metáfora para a vida cristã. Ele nos ensina que devemos viver de maneira dedicada e focada em Jesus, superando os desafios e obstáculos que aparecem no nosso caminho, assim como fazemos no "Fall Guys".

Na vida real, corremos para ganhar uma coroa que dura para sempre: a coroa da vida eterna que Jesus nos dará. Assim como no jogo, onde precisamos de treinamento e esforço para ganhar, na vida cristã precisamos ler a Bíblia, orar e viver de acordo com os ensinamentos de Jesus. Cada passo que damos nos aproxima mais do prêmio final.

Perguntas de Reflexão:

1. Quais são os obstáculos que você enfrenta na sua vida e como você pode superá-los com a ajuda de Jesus?
2. Para você, o que significa correr para ganhar a coroa da vida eterna?
3. Como você pode se preparar e treinar espiritualmente para viver de acordo com os ensinamentos de Jesus?

Chamada para Ação:

Nesta semana, pense em um desafio que você está enfrentando e peça a ajuda de Jesus para superá-lo. Leia a Bíblia e ore pedindo força e sabedoria. Compartilhe com seus pais ou responsáveis como você está correndo para alcançar o prêmio e encoraje seus amigos a fazerem o mesmo.

Vamos juntos correr para ganhar a coroa da vida eterna!

"Vocês sabem que numa corrida, embora todos os corredores tomem parte, somente um ganha o prêmio. Portanto, corram de tal maneira que ganhem o prêmio".

1 Coríntios 9:24
NTLH

APONTE A CÂMERA DO CELULAR PARA O QR CODE ABAIXO:

#4

CUIDANDO DO PLANETA

No jogo "Island Saver", nossa missão é limpar e salvar uma ilha que está cheia de lixo. Isso nos lembra do importante trabalho que Deus nos deu: cuidar do planeta que Ele criou. Deus fez o mundo e nos deu a responsabilidade de cuidar dele.

Ele nos criou à Sua imagem e semelhança e nos abençoou para dominarmos a terra, o que significa cuidar e preservar a criação. No jogo "Island Saver", limpamos a ilha, cuidamos dos animais e ajudamos a restaurar a beleza da natureza.

Assim como no jogo, precisamos ser cuidadosos com o meio ambiente na vida real. Jogar lixo na lixeira, reciclar e cuidar das plantas e dos animais são maneiras de obedecermos a Deus e fazermos a nossa parte para manter o planeta saudável.

PERGUNTAS DE REFLEXÃO:
1. O que você pode fazer para cuidar melhor do meio ambiente na sua casa ou escola?
2. Por que é importante cuidar do planeta que Deus nos deu?
3. Como você pode ensinar outras pessoas a cuidar do meio ambiente?

CHAMADA PARA AÇÃO:
Nesta semana, faça algo para ajudar o meio ambiente, como plantar uma árvore, reciclar materiais ou limpar uma área suja. Depois, escreva nos comentários o que você fez e como isso ajudou a melhorar o lugar onde você vive.

Vamos cuidar do planeta e fazer a vontade de Deus!

"Assim Deus criou os seres humanos; ele os criou parecidos com Deus. Ele os criou homem e mulher e os abençoou, dizendo:
— Tenham muitos e muitos filhos; espalhem-se por toda a terra e a dominem".

Gênesis 1:27-28a
NTLH

APONTE A CÂMERA DO CELULAR PARA O QR CODE ABAIXO:

#5 COMPLETEI A CORRIDA

No jogo "TrackMania Turbo" que jogamos hoje, nossa missão era vencer um carro fantasma e completar o circuito no menor tempo possível. Isso nos lembra do versículo em 2 Timóteo 4:7, em que Paulo fala sobre sua jornada de vida dizendo: "Completei o bom combate, terminei a corrida, guardei a fé". Assim como no jogo, Paulo enfrentou muitos desafios e obstáculos, mas ele não desistiu. Ele lutou o bom combate, terminou a corrida e manteve sua fé em Deus até o fim.

Nossa vida cristã é como uma corrida. Enfrentamos muitas dificuldades, mas devemos continuar correndo, confiando em Deus e não desistindo. Precisamos lutar o bom combate, completando cada etapa da nossa vida com fé e determinação. No jogo, precisamos de habilidade e paciência para vencer, e na vida real, precisamos de fé, esperança e amor para alcançar a coroa da vida eterna que Jesus nos prometeu.

> "Fiz o melhor que pude na corrida, cheguei até o fim, conservei a fé".
>
> 2 Timóteo 4:7
> NTLH

Perguntas de Reflexão:

1. Quais são os desafios que você enfrenta em sua vida que se parecem com uma corrida difícil?
2. Como você pode lutar o bom combate e manter sua fé em Deus durante esses desafios?
3. O que significa para você completar a corrida da vida e guardar a fé?

Chamada para Ação:

Nesta semana, pense em uma área da sua vida onde você precisa de mais fé e determinação. Ore a Deus pedindo força para lutar o bom combate e compartilhe com seus amigos como você está enfrentando esses desafios, encorajando outros a fazerem o mesmo.

Vamos juntos lutar o bom combate, terminar a corrida e guardar a fé!

APONTE A CÂMERA DO CELULAR PARA O QR CODE ABAIXO:

#6

CONVOCADOS

No jogo "FIFA 2018" que jogamos hoje, representamos dois times rivais: Brasil e Argentina. Todo jogador de futebol sonha em ser convocado para a seleção de seu país. Ser selecionado significa que o jogador foi escolhido entre os melhores para representar sua nação. Na Bíblia, em Mateus 22:14, Jesus diz: "Pois muitos são chamados, mas poucos são escolhidos". Isso nos ensina que, assim como os jogadores de futebol, nós também somos chamados para fazer parte de um time muito especial: o time de Jesus.

No time de Jesus, não são apenas os grandes craques que são escolhidos. Jesus chama pessoas comuns, como eu e você, para fazerem parte do Seu time. Ele transforma nossas fraquezas em forças e nos ajuda a nos tornarmos campeões na vida. Porém, assim como no futebol, fazer parte do time de Jesus exige compromisso. Precisamos ler a Bíblia, orar, obedecer a Deus e viver de acordo com Seus ensinamentos. Nem todos estão dispostos a fazer esses sacrifícios, por isso muitos são chamados, mas poucos escolhem seguir Jesus de verdade.

Perguntas de Reflexão:

1. O que significa para você ser parte do time de Jesus?
2. Quais são as dificuldades que você enfrenta ao tentar viver de acordo com os ensinamentos de Jesus?
3. Como você pode ser um melhor jogador no time de Jesus, ajudando os outros e obedecendo a Deus?

Chamada para Ação:

Nesta semana, pense em como você pode melhorar como 'jogador' no time de Jesus. Ore pedindo a Deus para te ajudar a ser mais comprometido e fiel aos Seus ensinamentos. Compartilhe com seus pais ou responsáveis o que você está fazendo para ser um melhor seguidor de Jesus e encoraje outros a fazerem o mesmo.

Vamos juntos ser campeões no time de Jesus!

"E Jesus terminou, dizendo:
— Pois muitos são convidados, mas poucos são escolhidos".

Mateus 22:14
NTLH

APONTE A CÂMERA DO CELULAR PARA O QR CODE ABAIXO:

#7

"Se um de vocês quer construir uma torre, primeiro senta e calcula quanto vai custar, para ver se o dinheiro dá".

Lucas 14:28
NTLH

Planejar para construir

No jogo "Minecraft" de hoje, nossa missão era construir uma torre bem alta que alcançasse as nuvens. Para isso, precisávamos planejar e reunir todos os materiais necessários antes de começar a construção. Isso nos lembra do versículo em Lucas 14:28, onde Jesus fala sobre a importância de planejar antes de começar algo grande: "Pois qual de vós, querendo construir uma torre, não se senta primeiro para calcular as despesas e verificar se tem os meios para a concluir?" Jesus nos ensina que, assim como precisamos planejar e calcular os custos antes de construir uma torre, devemos também planejar nossas vidas e nossas ações. Sem planejamento, corremos o risco de começar algo e não conseguir terminar, o que pode nos causar vergonha e frustração. No jogo, reunir blocos, ferramentas e recursos é essencial para completar a construção. Na vida, precisamos da orientação de Deus, da leitura da Bíblia e da oração para nos guiar e nos ajudar a concluir nossas tarefas e cumprir nossos objetivos.

Perguntas de Reflexão:

1. O que você pode fazer para planejar melhor suas atividades diárias e garantir que consiga concluir o que começa?
2. Como o planejamento pode ajudar você a evitar frustrações e alcançar seus objetivos?
3. De que maneira você pode buscar a orientação de Deus em seus planos e projetos?

Chamada para Ação:

Nesta semana, escolha uma tarefa ou objetivo que você deseja alcançar e faça um plano detalhado para isso. Ore pedindo a Deus para te guiar e te ajudar a seguir esse plano. Compartilhe com seus pais ou responsáveis como o planejamento fez a diferença para você e incentive outros a fazerem o mesmo.

Vamos juntos planejar e construir nossos sonhos e objetivos com a orientação de Deus!

APONTE A CÂMERA DO CELULAR PARA O QR CODE ABAIXO:

#8 Tudo Posso Naquele que me Fortalece

No jogo "LEGO Marvel Super Heroes 2", enfrentamos vários desafios e obstáculos que nos fazem lembrar do versículo em Filipenses 4:13: "Com a força que Cristo me dá, posso enfrentar qualquer situação". Assim como os heróis do jogo precisam superar dificuldades, nós também enfrentamos momentos difíceis na vida. Este versículo nos lembra que, com Cristo, podemos superar qualquer desafio.

Jesus nos dá força e coragem para enfrentar as situações mais difíceis. Quando nos sentimos fracos ou desanimados, podemos lembrar que Ele está ao nosso lado, nos fortalecendo e nos capacitando. No jogo, os heróis se ajudam e trabalham juntos para vencer os inimigos. Na vida, podemos contar com a ajuda de Jesus e também com o apoio de nossos amigos e familiares para superar os obstáculos.

> "Com a força que Cristo me dá, posso enfrentar qualquer situação."
>
> Filipenses 4:13 NTLH

Perguntas de Reflexão:

1. Quais são os desafios que você está enfrentando atualmente e como Jesus pode te ajudar a superá-los?
2. Como você pode se lembrar do versículo de Filipenses 4:13 em momentos de dificuldade?
3. De que maneira você pode ajudar outras pessoas, assim como os heróis do jogo se ajudam, a enfrentar seus desafios?

Chamada para Ação:

Nesta semana, escolha um desafio que você está enfrentando e lembre-se do versículo de Filipenses 4:13. Ore pedindo a Jesus para te fortalecer e te ajudar a superá-lo. Compartilhe com seus pais ou responsáveis como este versículo fez diferença na sua vida e encoraje outras pessoas a confiar em Jesus em seus momentos de dificuldade.

Vamos juntos enfrentar nossos desafios com a força que Jesus nos dá!

APONTE A CÂMERA DO CELULAR PARA O QR CODE ABAIXO:

#9 A Importância das Regras

No jogo "Rocket League", tivemos a experiência de um futebol diferente, onde carros jogam futebol em um campo fechado. Esse jogo é muito divertido e nos ensina a importância das regras. Em "Rocket League", os carros têm que seguir regras específicas, como o tempo de jogo, o uso do impulso e a maneira de marcar gols. As regras são essenciais para que o jogo seja justo e divertido.

Na vida, as regras também são importantes. Elas nos protegem e nos ajudam a viver em harmonia com os outros. A Bíblia nos ensina que amar a Deus é obedecer aos Seus mandamentos. Quando seguimos as regras de Deus, mostramos nosso amor por Ele e pelos outros. As regras de Deus nos ajudam a viver de maneira segura e a evitar problemas. Assim como em "Rocket League", onde seguir as regras é fundamental para vencer o jogo, na vida, seguir as regras de Deus é essencial para vivermos bem e em paz.

> "Pois amar a Deus é obedecer aos seus mandamentos."
>
> 1 João 5:3a
> NTLH

Perguntas de Reflexão:

1. Quais são as regras que você acha mais difíceis de seguir e por quê?
2. Como você pode melhorar em obedecer as regras de Deus no seu dia a dia?
3. De que maneira seguir as regras pode te ajudar a viver de forma mais segura e feliz?

Chamada para Ação:

Nesta semana, escolha uma regra de Deus que você quer seguir melhor e se esforce para obedecê-la. Ore pedindo a ajuda de Deus para te dar força e determinação. Compartilhe com seus pais ou responsáveis como seguir essa regra está fazendo diferença na sua vida e incentive outros a fazerem o mesmo.

Vamos juntos aprender a importância de seguir as regras e viver de acordo com os mandamentos de Deus!

APONTE A CÂMERA DO CELULAR PARA O QR CODE ABAIXO:

DEVOCIONAL GAMER
OMUNDODEOTAVIO

#10

NÃO TENHA MEDO

No jogo "Brawl Stars", enfrentamos batalhas intensas, onde a confiança e a estratégia são essenciais para vencer. Este jogo nos lembra de algo muito importante na vida real: não devemos ter medo, pois Deus está sempre ao nosso lado, combatendo por nós.

Medos fazem parte da vida e podem surgir de várias formas. Pode ser o medo de enfrentar um desafio, de errar ou de algo desconhecido. No entanto, quando confiamos em Deus, sabemos que não estamos sozinhos. Ele luta por nós e nos dá força e coragem para enfrentar qualquer batalha.

No jogo, assim como deixamos o personagem Brawler sob nosso controle, devemos deixar nossas vidas sob o controle de Deus. Quando permitimos que Ele guie nossos passos, enfrentamos as dificuldades com mais confiança, sabendo que Ele está no comando.

> "Não tenha medo deles, pois o Senhor, seu Deus, combaterá por vocês".
>
> **Deuteronômio 3:22** NTLH

Perguntas de Reflexão:

1. Quais são os medos que você enfrenta na sua vida?
2. Como você pode entregar esses medos a Deus e confiar que Ele está lutando por você?
3. De que maneiras você pode lembrar diariamente que Deus está sempre ao seu lado?

Chamada para Ação:

Nesta semana, pense em um medo específico que você enfrenta. Ore pedindo a Deus para te ajudar a confiar Nele e a entregar esse medo em Suas mãos. Compartilhe com seus pais ou responsáveis como você está enfrentando seus medos com a ajuda de Deus e incentive outras pessoas a fazerem o mesmo.

Vamos juntos aprender a confiar em Deus e a não temer, pois Ele está sempre conosco, combatendo por nós!

APONTE A CÂMERA DO CELULAR PARA O QR CODE ABAIXO:

DEVOCIONAL GAMER
OMUNDODEOTAVIO

#11

Nem Tudo é Bom

No jogo "Fall Guys", enfrentamos diversos desafios para conseguir as coroas. Cada partida exige foco, paciência e muita persistência. Esse jogo nos ensina uma lição importante: não podemos deixar que os desafios nos façam desistir.

Ganhar coroas no "Fall Guys" leva tempo. Assim como no jogo, na vida também precisamos de dedicação e equilíbrio. A Bíblia nos diz em 1 Coríntios 6:12 que podemos fazer muitas coisas, mas nem todas nos fazem bem, e não devemos ser dominados por nada. Isso significa que devemos nos divertir jogando, mas sem deixar que o jogo tome conta do nosso tempo e da nossa vida.

Se passarmos tempo demais jogando, podemos esquecer de outras coisas importantes, como estudar, brincar ao ar livre, passar tempo com a família e, principalmente, dedicar tempo a Deus. Precisamos encontrar um equilíbrio saudável.

Perguntas de Reflexão:

1. Quanto tempo você passa jogando videogame por dia? Esse tempo está equilibrado com outras atividades importantes?
2. Você já sentiu que estava jogando demais e esqueceu de fazer algo importante, como sua lição de casa ou passar tempo com sua família?
3. Como você pode garantir que o tempo que passa jogando não vai te afastar de Deus e das pessoas que você ama?

Chamada para Ação:

Nesta semana, tente equilibrar seu tempo de jogo com outras atividades. Reserve um momento para ler a Bíblia, orar e passar tempo com sua família. Experimente também brincar ao ar livre e se divertir com seus amigos de outras formas.

Vamos juntos aprender a perseverar e a confiar em Deus, sabendo que Ele está conosco em cada passo da nossa jornada.

"Alguém vai dizer: "Eu posso fazer tudo o que quero". Pode, sim, mas nem tudo é bom para você. Eu poderia dizer: "Posso fazer qualquer coisa". Mas não vou deixar que nada me escravize".

1 Coríntios 6:12
NTLH

APONTE A CÂMERA DO CELULAR PARA O QR CODE ABAIXO:

DEVOCIONAL GAMER
O MUNDO DE OTÁVIO

#12

ACERTANDO O ALVO

Olá, pessoal! Hoje vamos falar sobre algo muito importante enquanto nos divertimos com o jogo "Mini Basketball". Vamos entender o que é pecado e como podemos acertar o alvo, tanto no jogo quanto na vida. No jogo "Mini Basketball", temos que mirar e fazer o nosso melhor para acertar a bola na cesta. Quanto mais perto estamos da cesta, mais fácil é acertar. Da mesma forma, quanto mais perto estamos de Jesus, mais fácil é fazer o que é certo. Romanos 6:23 nos ensina que "o salário do pecado é a morte, mas o presente gratuito de Deus é a vida eterna em Cristo Jesus, nosso Senhor". Isso significa que errar o alvo, ou pecar, nos afasta de Deus. Mas Jesus nos oferece a chance de estar sempre perto Dele, acertando o alvo e ganhando a vida eterna.

No jogo, quando estamos longe da cesta, é muito mais difícil acertar. Na vida, quanto mais longe estamos de Jesus, mais difícil é acertar o alvo e fazer o que é certo. Por isso, precisamos estar sempre perto Dele, para que possamos vencer os desafios e viver uma vida plena.

PERGUNTAS DE REFLEXÃO:

1. Em quais áreas da sua vida você sente que está errando o alvo?
2. Como você pode se aproximar mais de Jesus para fazer o que é certo?
3. O que significa para você receber o presente gratuito de Deus, a vida eterna?

CHAMADA PARA AÇÃO:

Nesta semana, pense em uma área da sua vida onde você tem errado o alvo e peça a Jesus para te ajudar a acertar. Compartilhe com alguém como estar mais perto de Jesus está te ajudando a fazer o que é certo e inspire seus amigos a fazerem o mesmo.

Vamos juntos aprender a acertar o alvo, confiando em Jesus para nos guiar e fortalecer.

"Pois o salário do pecado é a morte, mas o presente gratuito de Deus é a vida eterna em Cristo Jesus, nosso Senhor".

Romanos 6:23
NTLH

APONTE A CÂMERA DO CELULAR PARA O QR CODE ABAIXO:

DEVOCIONAL GAMER
OMUNDODEOTAVIO

#13

RIOS DE ÁGUAS VIVAS

"Então Jesus disse:
– Quem beber desta água terá sede de novo, mas a pessoa que beber da água que eu lhe der nunca mais terá sede. Porque a água que eu lhe der se tornará nela uma fonte de água que dará vida eterna".

João 4:13-14
NTLH

No jogo "Aquapark IO", descemos por toboáguas emocionantes, tentando chegar em primeiro lugar na piscina. Essa diversão só é possível porque a água nos ajuda a deslizar e chegar ao nosso destino. Da mesma forma, Jesus nos oferece uma água especial que nos preenche e nos dá vida eterna.

Jesus disse que quem beber da água que Ele nos dá nunca mais terá sede. Isso significa que, assim como a água do toboágua é essencial para nossa diversão, a água de Jesus é essencial para nossa vida espiritual. Essa água é o amor de Jesus que nos preenche completamente e nos dá a força para viver de maneira plena e feliz.

Quando estamos cheios do amor de Jesus, essa água viva transborda de nós e toca a vida das pessoas ao nosso redor. Assim como uma fonte de água que nunca para de jorrar, podemos compartilhar o amor e a alegria de Jesus com todos que encontramos.

PERGUNTAS DE REFLEXÃO:
1. Como você pode beber mais da água viva que Jesus oferece diariamente?
2. De que maneiras você pode compartilhar o amor de Jesus com seus amigos e familiares?
3. Para você o que significa ser uma fonte de água viva na vida das outras pessoas?

CHAMADA PARA AÇÃO:
Nesta semana, dedique um tempo para se aproximar mais de Jesus. Leia a Bíblia, ore e peça a Ele para encher seu coração com Sua água viva. Em seguida, pense em uma maneira prática de transbordar esse amor para alguém ao seu redor. Pode ser com um gesto de bondade, uma palavra de encorajamento ou ajudando quem precisa.

Vamos juntos aprender a beber da água que Jesus nos oferece e compartilhar essa fonte de vida eterna com o mundo!

APONTE A CÂMERA DO CELULAR PARA O QR CODE ABAIXO:

DEVOCIONAL GAMER
OMUNDODEOTAVIO

#14

O Maior Presente

Hoje, vamos explorar a importância do amor enquanto jogamos "Stumble Guys" e compramos o passe premium do jogo. No jogo, os passes nos dão acesso a prêmios especiais, como gemas e animações, que são emocionantes de ganhar. Mas, na vida real, há algo ainda mais valioso do que qualquer prêmio virtual: o amor.

A Bíblia nos ensina em 1 Coríntios 13 que podemos ter todos os dons e habilidades do mundo, mas sem amor, não seremos nada. O amor é o maior presente que Deus nos dá e é por meio dele que podemos verdadeiramente fazer a diferença na vida das pessoas ao nosso redor.

Assim como gostamos de ganhar presentes no jogo, Deus nos dá presentes espirituais, ou dons, para usarmos para o bem. Mas Ele nos lembra que esses dons só têm valor quando são usados com amor. Sem amor, nossos dons são como presentes vazios, sem significado verdadeiro.

Perguntas de Reflexão:
1. Quais são alguns dos presentes ou dons que Deus te deu?
2. Como você pode usar esses dons para mostrar amor aos outros?
3. Por que é importante lembrar que o amor é o maior presente de todos?

Chamada para Ação:
Nesta semana, pense em uma maneira de usar um dos seus dons para ajudar alguém. Pode ser um gesto simples, como ouvir um amigo que precisa desabafar, ou algo maior, como organizar uma atividade de serviço na sua comunidade. Compartilhe com seus amigos como você usou seu dom para mostrar amor e inspire outros a fazerem o mesmo.

Vamos viver essa verdade, usando nossos dons com amor, e fazendo deste mundo um lugar melhor.

"Poderia ter o dom de anunciar mensagens de Deus, ter todo o conhecimento, entender todos os segredos e ter tanta fé, que até poderia tirar as montanhas do seu lugar, mas, se não tivesse amor, eu não seria nada".

1 Coríntios 13:2
NTLH

APONTE A CÂMERA DO CELULAR PARA O QR CODE ABAIXO:

DEVOCIONAL GAMER
O MUNDO DE OTÁVIO

#15

"Como seria bom se eles sempre pensassem assim, e me respeitassem, e sempre obedecessem a todos os meus mandamentos! Assim tudo daria certo para eles e para os seus descendentes para sempre".

Deuteronômio 5:29 NTLH

APONTE A CÂMERA DO CELULAR PARA O QR CODE ABAIXO:

A Força da Obediência

Hoje, estamos começando uma série "Os Incríveis Discípulos de Jesus", com a "família incrível" do jogo "LEGO Os Incríveis". Nesta série, vamos aprender sobre a força da obediência. Jogar videogames é muito divertido, mas para aproveitar ao máximo, precisamos seguir as regras do jogo. A obediência é importante não só nos jogos, mas também na nossa vida diária e na nossa caminhada com Deus.

Deus nos dá mandamentos e orientações na Bíblia para o nosso bem. Em Deuteronômio 5:29, Ele expressa o desejo de que sempre O obedeçamos, pois isso traz bênçãos para nós e para nossas futuras gerações. Quando obedecemos a Deus, não só estamos fazendo o que é certo, mas também estamos construindo uma vida de sucesso e felicidade para nós e para aqueles que virão depois de nós.

No jogo, cada personagem da "família incrível" tem habilidades especiais que funcionam melhor quando seguem as regras e trabalham juntos. Da mesma forma, quando obedecemos a Deus e trabalhamos em harmonia com os outros, conseguimos alcançar grandes coisas.

Perguntas de Reflexão:
1. Que áreas da sua vida você acha difícil obedecer?
2. Como você pode melhorar sua obediência a Deus e às pessoas que te orientam, como seus pais e professores?
3. Você já percebeu como a obediência pode trazer benefícios não só para você, mas também para sua família e amigos?

Chamada para Ação:
Nesta semana, faça um esforço consciente para obedecer aos mandamentos de Deus e às orientações dos seus pais e professores. Preste atenção em como isso afeta sua vida e o ambiente ao seu redor. Compartilhe nos comentários uma experiência em que você viu os benefícios da obediência e inspire outros a seguir o mesmo caminho.

DEVOCIONAL GAMER
OMUNDODEOTAVIO

#16

Esticando os Relacionamentos

> "Pois o Reino de Deus não é uma questão de comida ou de bebida, mas de viver corretamente, em paz e com a alegria que o Espírito Santo dá".
>
> **Romanos 14:17**
> NTLH

Hoje vamos continuar nossa série "Os Incríveis Discípulos de Jesus" com um foco especial na personagem "Mulher Elástica", que representa a importância de esticar os relacionamentos. Assim como a Mulher Elástica pode se esticar para ajudar os outros, nós também devemos expandir nossos relacionamentos, tanto com as pessoas ao nosso redor quanto com Deus.

No jogo "LEGO Os Incríveis", vemos como os personagens trabalham juntos, seguindo as regras e ajudando uns aos outros. Da mesma forma, nossa vida espiritual e nossos relacionamentos prosperam quando agimos com justiça, paz e alegria, promovendo a edificação mútua.

Os versículos de Romanos 14:17-19 nos lembram que o Reino de Deus é caracterizado pela justiça, paz e alegria no Espírito Santo. Quando servimos a Cristo dessa maneira, agradamos a Deus e somos aprovados pelos homens. Nosso desafio é promover a paz e fortalecer uns aos outros na fé, esticando nossos relacionamentos e sendo uma ponte entre as pessoas e Deus.

Perguntas de Reflexão:

1. Em que áreas da sua vida você precisa melhorar seus relacionamentos com os outros?
2. Como você pode se tornar uma ponte para Deus na vida das pessoas ao seu redor?
3. O que significa para você promover a paz e a edificação mútua em seus relacionamentos?

Chamada para Ação:

Nesta semana, faça um esforço consciente para esticar seus relacionamentos. Procure maneiras de promover a paz e fortalecer aqueles ao seu redor.

Seja um exemplo do amor de Deus em suas ações e palavras.

DEVOCIONAL GAMER
O MUNDO DE OTAVIO

#17 Velocidade para Perdoar

Neste capítulo, vamos falar sobre a importância de perdoar rapidamente. Usando o exemplo do personagem "Flash" do jogo "LEGO Os Incríveis", aprenderemos a ser rápidos em perdoar e pedir perdão, evitando que a mágoa cresça em nosso coração.

No jogo, vemos a velocidade e a agilidade do "Flash". Da mesma forma, devemos ser rápidos para perdoar aqueles que nos ofendem e também para pedir perdão quando ofendemos alguém. Quando guardamos ressentimento, nossa alegria é roubada, e nossa relação com Deus é afetada.

Jesus nos ensina em Marcos 11:25 que devemos perdoar para que nosso Pai celestial também nos perdoe. Isso mostra a importância de não deixar o perdão para depois, mas de resolver rapidamente qualquer conflito.

Perguntas de Reflexão:

1. Em quais situações você tem dificuldade de perdoar rapidamente?
2. Como você pode melhorar ao pedir perdão às pessoas que você ofendeu?
3. Para você, o que significa o ensinamento de Jesus sobre perdoar para que Deus nos perdoe?

Chamada para Ação:

Nesta semana, faça um esforço para perdoar rapidamente qualquer pessoa que tenha te ofendido. Além disso, se você sabe que ofendeu alguém, vá até essa pessoa e peça perdão. Compartilhe com seus pais ou responsáveis como foi essa experiência e como Deus está trabalhando em seu coração por meio do perdão.

Jesus nos chama para viver em paz uns com os outros, resolvendo rapidamente qualquer conflito.

"E, quando estiverem orando, perdoem os que os ofenderam, para que o Pai de vocês, que está no céu, perdoe as ofensas de vocês".

Marcos 11:25
NTLH

APONTE A CÂMERA DO CELULAR PARA O QR CODE ABAIXO:

DEVOCIONAL GAMER
O MUNDO DE OTÁVIO

#18

O Escudo da Oração

Hoje, vamos falar sobre o poder da oração usando o exemplo da "Violeta", do jogo "LEGO Os Incríveis". "Violeta" tem a habilidade de criar um escudo de proteção e de ficar invisível. Isso nos lembra do escudo espiritual que a oração nos proporciona, protegendo-nos das influências negativas e tornando-nos "invisíveis" para as armadilhas do inimigo.

A oração é nossa forma de comunicação direta com Deus. Ela nos protege, nos fortalece e nos mantém conectados com Ele. Em João 15:7, Jesus nos ensina que, se permanecermos Nele e em Suas palavras, podemos pedir o que quisermos, e nos será concedido. Isso mostra a importância de estarmos sempre em oração e alinhados com a vontade de Deus.

Quando oramos, criamos um escudo de proteção ao nosso redor. Assim como "Violeta" se protege com seu escudo, a oração pode ser uma arma poderosa para nos proteger contra as tentações e ataques espirituais, pois quando estamos em constante comunicação com Deus, nossas ações e pensamentos são guiados por Ele, mantendo-nos firmes no caminho certo.

Perguntas de Reflexão:

1. Como você pode tornar a oração uma parte regular do seu dia?
2. Quais são as situações em que você mais sente a necessidade de orar?
3. O que significa para você estar "invisível" para o inimigo através da oração?

Chamada para Ação:

Nesta semana, faça um esforço para aumentar seu tempo de oração. Peça a Deus que te proteja e te guie em todas as suas ações. Compartilhe com seus pais ou responsáveis como a oração tem feito diferença em sua vida e inspire outros a se fortalecerem espiritualmente.

"Se vocês ficarem unidos comigo, e as minhas palavras continuarem em vocês, vocês receberão tudo o que pedirem".

João 15:7
NTLH

APONTE A CÂMERA DO CELULAR PARA O QR CODE ABAIXO:

DEVOCIONAL GAMER
OMUNDODEOTAVIO

#19

O Fogo do Espírito

"De repente, veio do céu um barulho que parecia o de um vento soprando muito forte e esse barulho encheu toda a casa onde estavam sentados. Então todos viram umas coisas parecidas com chamas, que se espalharam como línguas de fogo; e cada pessoa foi tocada por uma dessas línguas".

Atos 2:2-3
NTLH

Hoje, vamos falar sobre o fogo do Espírito Santo, usando o exemplo do "bebê Zezé", do jogo "LEGO Os Incríveis". "Zezé" possui o poder de pegar fogo, o que nos lembra do poder do Espírito Santo que arde dentro de nós, como um fogo que nos purifica, nos fortalece e nos dá a luz necessária para brilhar nesta terra.

O fogo do Espírito é a presença de Deus em nossas vidas. Na Bíblia, o fogo frequentemente representa a presença e o poder de Deus. Quando Moisés viu a sarça ardente, o fogo não consumia a planta, mas a presença de Deus era evidente naquele lugar. Da mesma forma, quando o povo de Israel estava no deserto, Deus os guiava de noite com uma coluna de fogo.

O fogo do Espírito Santo é um fogo que não machuca, mas queima dentro de nós, trazendo luz, calor e purificação. É um fogo que nos fortalece para resistir às tentações e dificuldades da vida. Quando estamos cheios do Espírito Santo, somos capazes de levar essa chama a outras pessoas, ajudando-as a encontrar a presença de Deus em suas vidas.

Perguntas de Reflexão:

1. Como você pode permitir que o fogo do Espírito Santo arda mais intensamente em sua vida?
2. De que maneira você pode compartilhar esse fogo com as pessoas ao seu redor?
3. O que significa para você ser purificado e fortalecido pelo fogo do Espírito?

Chamada para Ação:

Nesta semana, peça a Deus que encha você com o fogo do Espírito Santo. Procure momentos de oração e comunhão com Ele, permitindo que Sua presença queime dentro de você, purificando e fortalecendo seu coração. Compartilhe com seus pais ou responsáveis como o fogo do Espírito tem transformado sua vida e inspire outros a buscarem essa presença poderosa.

APONTE A CÂMERA DO CELULAR PARA O QR CODE ABAIXO:

DEVOCIONAL GAMER
O MUNDO DE OTÁVIO

#20 O Amor de Muitos Esfriará

Hoje, vamos falar sobre como a maldade pode esfriar o amor em nossos corações, usando o exemplo do personagem "Gelado", do jogo "LEGO Os Incríveis". "Gelado" usa seus poderes de gelo para combater o mal, mas precisamos estar atentos para não deixar nosso coração esfriar por causa da maldade que vemos ao nosso redor.

A Bíblia nos alerta que a maldade se espalhará tanto que o amor de muitos esfriará. Vemos isso acontecer quando as pessoas são influenciadas pelas coisas erradas e deixam de viver o amor e a bondade que Deus nos ensina. É importante estarmos sempre vigilantes e não deixar que a maldade apague a chama do amor de Deus em nossos corações.

Perguntas de Reflexão:
1. Como você pode manter o seu amor por Deus e pelas pessoas sempre aquecido?
2. O que você pode fazer para combater a maldade e espalhar o amor de Deus ao seu redor?
3. Como o exemplo do "Gelado" pode te ajudar a entender a importância de manter o amor vivo em seu coração?

Chamada para Ação:
Nesta semana, busque maneiras de aquecer seu coração com a presença de Deus. Leia a Bíblia, ore e peça a Deus para encher você com o Seu amor. Compartilhe com as pessoas ao seu redor o que você está aprendendo e ajude-as a manter seus corações aquecidos pelo amor de Deus.

Assim como "Gelado" usa seus poderes para combater o mal, nós devemos usar o amor de Deus em nossos corações para combater a maldade. Não deixe que a maldade do mundo esfrie o seu amor. Permaneça firme na bondade e no amor de Deus, e Ele te fortalecerá todos os dias.

"A maldade vai se espalhar tanto, que o amor de muitos esfriará; mas quem ficar firme até o fim será salvo".

Mateus 24:12-13
NTLH

APONTE A CÂMERA DO CELULAR PARA O QR CODE ABAIXO:

DEVOCIONAL GAMER
OMUNDODEOTAVIO

#21

FORÇA RENOVADA

"Aos cansados ele dá novas forças e enche de energia os fracos. Até os jovens se cansam, e os moços tropeçam e caem; mas os que confiam no Senhor recebem sempre novas forças".

Isaías 40:29-31a
NTLH

Hoje, vamos falar sobre como podemos renovar nossas forças em Deus, usando o exemplo do jogo "Human Fall Flat". Neste jogo, os personagens enfrentam muitos desafios e obstáculos, mas com perseverança, eles conseguem superar tudo e chegar ao objetivo final.

No jogo, os personagens precisam subir, pular e resolver quebra-cabeças, sempre persistindo, mesmo quando as coisas parecem difíceis. Da mesma forma, na nossa vida, enfrentamos desafios que podem nos deixar cansados e desanimados, mas Deus promete renovar nossas forças se esperarmos Nele.

A Bíblia nos ensina em Isaías 40:29-31 que Deus dá força aos cansados e vigor aos que estão sem forças. Mesmo os jovens, que têm muita energia, podem se cansar. Mas aqueles que confiam no Senhor sempre terão suas forças renovadas. Eles voarão alto como águias, correrão e não ficarão exaustos, andarão e não se cansarão.

PERGUNTAS DE REFLEXÃO:

1. Como você pode confiar mais em Deus para renovar suas forças?
2. Quais são alguns obstáculos que você enfrenta na sua vida que testam sua perseverança?
3. O que significa para você não se cansar de fazer o bem?

CHAMADA PARA AÇÃO:

Nesta semana, peça a Deus que renove suas forças e te ajude a continuar firme na caminhada. Identifique os obstáculos que você enfrenta e peça a Deus que te ajude a superá-los. Compartilhe com seus pais ou responsáveis como você tem mantido sua perseverança e inspire-os também.

Precisamos confiar em Deus para renovar nossas forças e nos ajudar a permanecer firmes, mesmo quando estamos cansados.

APONTE A CÂMERA DO CELULAR PARA O QR CODE ABAIXO:

DEVOCIONAL GAMER
O MUNDO DE OTAVIO

#22

Nem Só de Pão

Hoje, vamos falar sobre a importância de nos alimentarmos da palavra de Deus, usando o exemplo do jogo de culinária "Overcooked". Neste jogo, os personagens precisam preparar refeições para servir aos clientes, mostrando a importância de se alimentar bem. Da mesma forma, precisamos nos alimentar espiritualmente da palavra de Deus para termos uma vida plena.

No jogo "Overcooked", os personagens trabalham em equipe para preparar diversos pratos, cada um com suas próprias habilidades e desafios. Isso nos lembra que, assim como precisamos de comida para nutrir nosso corpo, precisamos da palavra de Deus para nutrir nossa alma e espírito. Jesus nos ensinou que nem só de pão viverá o homem, mas de toda palavra que procede da boca de Deus.

> "O ser humano não vive só de pão, mas vive de tudo o que Deus diz".
>
> **Mateus 4:4b**
> NTLH

Perguntas de Reflexão:

1. Como você pode se alimentar melhor da palavra de Deus diariamente?
2. Quais são algumas maneiras práticas de incluir a leitura da Bíblia em sua rotina?
3. O que significa para você viver de acordo com a palavra de Deus?

Chamada para Ação:

Nesta semana, dedique um tempo para ler a Bíblia e meditar na palavra de Deus. Peça a Ele que te ajude a entender e praticar seus ensinamentos. Compartilhe com seus pais ou responsáveis o que você está aprendendo e como isso está fortalecendo sua fé.

Não podemos viver apenas de comida física, mas também precisamos da nutrição espiritual que vem de Deus.

APONTE A CÂMERA DO CELULAR PARA O QR CODE ABAIXO:

DEVOCIONAL GAMER
OMUNDODEDTAVIO

#23

Hora da Mudança

Hoje, vamos falar sobre as mudanças que Deus pode fazer em nossas vidas, usando o exemplo do jogo "Moving Out". No jogo, ajudamos as pessoas a fazerem mudanças de casa, o que nos lembra das mudanças que Deus pode fazer em nossas vidas. A Bíblia nos ensina que não devemos viver como as pessoas deste mundo, mas devemos permitir que Deus transforme nossas mentes. Essa transformação nos ajuda a entender e seguir a vontade de Deus, que é boa, perfeita e agradável.

Assim como no jogo 'Moving Out' ajudamos as pessoas a mudarem de casa, Deus quer nos ajudar a mudar nossas vidas. Ele quer transformar nossas mentes para que possamos entender e seguir a vontade dEle. Quando permitimos que Deus nos transforme, começamos a ver o mundo de uma maneira diferente. Passamos a viver de acordo com a vontade dEle, que é sempre a melhor para nós.

Perguntas de Reflexão:

1. Quais são as áreas da sua vida que você acha que precisam de uma mudança?
2. Como você pode permitir que Deus transforme sua mente e sua maneira de viver?
3. O que significa para você viver de acordo com a vontade de Deus?

Chamada para Ação:

Nesta semana, peça a Deus para te ajudar a identificar as áreas da sua vida que precisam de mudança. Dedique tempo à leitura da Bíblia, à oração e peça a Deus para transformar sua mente. Compartilhe com seus pais ou responsáveis o que você está aprendendo e como está aplicando essas lições em sua vida.

Precisamos confiar em Deus para que Ele possa nos ajudar a realizar em nossas vidas as mudanças necessárias.

"Não vivam como vivem as pessoas deste mundo, mas deixem que Deus os transforme por meio de uma completa mudança da mente de vocês. Assim vocês conhecerão a vontade de Deus, isto é, aquilo que é bom, perfeito e agradável a Ele".

Romanos 12:2
NTLH

APONTE A CÂMERA DO CELULAR PARA O QR CODE ABAIXO:

DEVOCIONAL GAMER
O MUNDO DE OTÁVIO

#24

LUZ NA ESCURIDÃO

Hoje, vamos falar sobre como a luz de Jesus pode brilhar em nossas vidas, mesmo nas situações mais escuras, usando o exemplo do jogo "LEGO Batman". No jogo, "Batman" é conhecido como o "Cavaleiro das Trevas", mas até ele precisa de luz para vencer os desafios. Da mesma forma, nós precisamos da luz de Jesus para guiar nossos caminhos e nos ajudar a vencer as dificuldades.

A Bíblia nos ensina que Jesus é a luz do mundo e que, se o seguirmos, nunca andaremos em escuridão. Essa luz nos ajuda a ver claramente e a tomar decisões sábias, vivendo de acordo com a vontade de Deus.

Assim como no jogo "LEGO Batman", onde "Batman" usa suas habilidades e a luz para vencer, Jesus quer ser a nossa luz. Ele quer iluminar nosso caminho e nos ajudar a viver que seja agradável a Deus. Quando seguimos Jesus, temos a luz da vida e não precisamos temer a escuridão.

Perguntas de Reflexão:
1. Quais são as áreas da sua vida que estão precisando da luz de Jesus?
2. Como você pode permitir que Jesus ilumine seu caminho diariamente?
3. O que significa para você seguir a luz de Jesus e não andar em escuridão?

Chamada para Ação:
Nesta semana, peça a Jesus para ser a luz da sua vida. Dedique tempo à leitura da Bíblia, à oração e peça a Ele para iluminar suas decisões e caminhos. Compartilhe com seus pais ou responsáveis o que você está aprendendo e como está aplicando essas lições em sua vida.

Assim como "Batman" precisa da luz para vencer no jogo "LEGO Batman", nós precisamos da luz de Jesus para viver bem. Não ande na escuridão; siga a luz de Jesus e tenha a luz da vida.

"De novo Jesus começou a falar com eles e disse:
– Eu sou a luz do mundo; quem me segue nunca andará na escuridão, mas terá a luz da vida".

João 8:12
NTLH

APONTE A CÂMERA DO CELULAR PARA O QR-CODE ABAIXO

DEVOCIONAL GAMER
O MUNDO DE OTAVIO

#25

Nossas Lutas

Hoje, vamos falar sobre as nossas lutas espirituais e como podemos usar as armas poderosas de Deus para vencer, usando o exemplo do jogo "MultiVersus". No jogo, enfrentamos vários personagens de diferentes universos, cada um com suas habilidades únicas. Da mesma forma, na vida real, enfrentamos desafios e batalhas que exigem mais do que habilidades humanas - precisamos das armas espirituais que Deus nos dá.

A Bíblia nos ensina que, embora sejamos humanos, nossas batalhas espirituais não podem ser vencidas com força humana. Precisamos das armas poderosas de Deus para destruir fortalezas e falsas ideias que tentam nos enganar. Assim como no jogo, onde precisamos das habilidades certas para vencer, na vida precisamos da força e da sabedoria que vêm de Deus.

Perguntas de Reflexão:

1. Quais são as fortalezas em sua vida que você precisa que Deus destrua?
2. Como você pode usar as armas espirituais de Deus para vencer suas batalhas diárias?
3. O que significa para você lutar com as armas de Deus em vez de confiar na sua própria força?

Chamada para Ação:

Nesta semana, peça que Deus lhe mostre as armas espirituais que Ele colocou à sua disposição. Dedique tempo à leitura da Bíblia, à oração e à prática dos ensinamentos de Jesus. Compartilhe com seus pais ou responsáveis o que você está aprendendo e como está aplicando essas lições em sua vida.

Deus nos dá força e sabedoria para destruir as fortalezas e falsas ideias que tentam nos desviar do caminho certo.

"É claro que somos humanos, mas não lutamos por motivos humanos. As armas que usamos na nossa luta não são do mundo; são armas poderosas de Deus, capazes de destruir fortalezas. E assim destruímos ideias falsas"...

2 Coríntios 10:3-4
NTLH

APONTE A CÂMERA DO CELULAR PARA O QR CODE ABAIXO:

DEVOCIONAL GAMER
O MUNDO DE OTAVIO

#26 ENCONTRE O CAMINHO

Hoje, vamos falar sobre a importância de encontrar o caminho certo na vida, usando o exemplo do jogo "Stray". No jogo, controlamos um gatinho que se perdeu de sua família e precisa encontrar o caminho de volta em um mundo pós-apocalíptico dominado por robôs. Da mesma forma, devemos buscar a orientação de Deus para encontrarmos o caminho certo em nossa vida.

A Bíblia nos ensina que devemos ensinar as crianças no caminho em que devem andar, e até o fim da vida não se desviarão dele. Assim como o gatinho no jogo "Stray" precisa encontrar o caminho de volta para sua família, nós também precisamos da orientação de Deus para nos guiar no caminho certo.

> *"Eduque a criança no caminho em que deve andar, e até o fim da vida não se desviará dele".*
>
> **Provérbios 22:6**
> NTLH

Perguntas de Reflexão:

1. Em quais áreas da sua vida você precisa da orientação de Deus para encontrar o caminho certo?
2. Como você pode permitir que a palavra de Deus guie suas decisões e ações diárias?
3. O que significa para você ser ensinado no caminho de Deus e não se desviar dele?

Chamada para Ação:

Nesta semana, peça a Deus para lhe mostrar o caminho certo em todas as áreas da sua vida. Dedique tempo à leitura da Bíblia, à oração e à prática dos ensinamentos de Jesus. Compartilhe com seus pais ou responsáveis o que você está aprendendo e como a orientação de Deus está guiando suas decisões.

Confie na palavra de Deus e permita que Ele guie seus passos todos os dias.

APONTE A CÂMERA DO CELULAR PARA O QR-CODE ABAIXO

DEVOCIONAL GAMER
O MUNDO DE OTÁVIO

#27 SOMOS UMA EQUIPE

Hoje, vamos falar sobre a importância da cooperação e união, usando o exemplo do jogo "Sonic Racing". No jogo, não se trata apenas de correr sozinho, mas de trabalhar em equipe para alcançar a vitória. Cada jogador precisa ajudar seus companheiros para que todos possam cruzar a linha de chegada em boas posições.

Assim como no "Sonic Racing", nossa vida também é uma jornada onde enfrentamos vários desafios. Para vencê-los, precisamos da força e da sabedoria que vêm de Deus e da cooperação dos nossos amigos e familiares. Quando ajudamos uns aos outros, todos crescemos e nos desenvolvemos em amor, como o versículo de Efésios nos ensina.

> "Ele faz com que o corpo todo fique bem ajustado e todas as partes fiquem ligadas entre si, por meio da união de todas elas. E assim, cada parte funciona bem e todo o corpo cresce e se desenvolve por meio do amor".
> **Efésios 4:16** NTLH

Perguntas de Reflexão:

1. Quais são os desafios que você está enfrentando na sua "corrida" da vida?
2. Como você pode buscar a ajuda de Deus e a cooperação de outras pessoas para superar esses desafios?
3. O que significa para você a mensagem de Efésios 4:16 sobre união e crescimento em amor?

Chamada para Ação:

Nesta semana, peça a Deus para lhe dar força e sabedoria para cooperar e ajudar as pessoas ao seu redor.
Dedique tempo à leitura da Bíblia, à oração e à prática dos ensinamentos de Jesus. Compartilhe com seus amigos ou familiares como você está aplicando essas lições em sua vida e incentive-os a fazer o mesmo.

Não confie apenas em sua própria força; busque a ajuda de Deus e dos que estão ao seu redor para vencer com Ele ao seu lado.

APONTE A CÂMERA DO CELULAR PARA O QR CODE ABAIXO:

DEVOCIONAL GAMER
O MUNDO DE OTÁVIO

#28

BONS IRMÃOS

Hoje, vamos falar sobre a importância de amar nossos irmãos, sejam eles de sangue ou irmãos na fé. No jogo "Hot Wheels", competimos para vencer, mas devemos lembrar de sempre tratar nossos irmãos com amor e respeito, sem brigas ou desentendimentos. A Bíblia nos ensina que amar nossos irmãos nos mantém na luz de Jesus, evitando que cometamos pecados ou levemos outros a pecar.

Amar nossos irmãos é mais do que apenas evitar brigas; é cuidar, ajudar e se alegrar com eles. Quando amamos, refletimos a luz de Jesus e vivemos de acordo com Seus ensinamentos. Devemos lembrar que nossas ações influenciam os outros, e ao tratar nossos irmãos com amor, mostramos o caminho certo a seguir. Assim, não apenas evitamos pecar, mas também ajudamos a criar um ambiente onde todos possam crescer na fé e no amor de Deus.

Perguntas de Reflexão:

1. Como você pode demonstrar amor aos seus irmãos diariamente?
2. O que você pode fazer para resolver desentendimentos de forma pacífica?
3. Como o exemplo de Jesus pode ajudar você a tratar bem seus irmãos?

Chamada para Ação:

Nesta semana, faça um esforço consciente para mostrar amor aos seus irmãos. Resolva qualquer desentendimento com paciência e respeito. Lembre-se de que amar nossos irmãos nos mantém na luz de Jesus e nos afasta da escuridão do pecado.

Amar nossos irmãos é um mandamento de Deus que nos ajuda a viver na luz e a não levar outros ao pecado. Pratique o amor e o respeito em seus relacionamentos com familiares e amigos, e você verá como isso transformará sua vida e a daqueles ao seu redor.

"Quem diz que vive na luz e odeia o seu irmão está na escuridão até agora. Quem ama o seu irmão vive na luz e não há nessa pessoa nada que leve alguém a pecar".

1 João 2:9-10
NTLH

APONTE A CÂMERA DO CELULAR PARA O QR CODE ABAIXO:

DEVOCIONAL GAMER
O MUNDO DE OTÁVIO

#29

Dever de Casa

Hoje, vamos falar sobre os deveres que temos na vida, usando o exemplo do jogo "Fifa Copa do Mundo". Assim como os jogadores têm o dever de jogar bem para vencer, nós também temos deveres importantes a cumprir. A Bíblia nos ensina que nosso principal dever é obedecer aos mandamentos de Deus. Isso inclui obedecer aos nossos pais, professores e autoridades, sempre alinhando nossas ações com a Palavra de Deus. Quando obedecemos a Deus, nossa vida se alinha com Seus planos e somos abençoados.

Obedecer aos mandamentos de Deus é essencial para vivermos uma vida plena e feliz. Assim como no futebol, onde cada jogador tem uma função para garantir a vitória do time, na vida cristã cada um de nós tem o dever de seguir os ensinamentos de Jesus. Isso nos ajuda a tomar decisões corretas, viver em harmonia com os outros e ser luz no mundo. Lembre-se: cumprir nossos deveres com alegria e dedicação traz bênçãos e nos aproxima mais de Deus.

> "O meu dever nesta vida é este: obedecer aos teus mandamentos".
> **Salmos 119:56**
> NTLH

Perguntas de Reflexão:

1. Quais são os seus deveres na escola e em casa?
2. Como você pode obedecer mais aos mandamentos de Deus no seu dia a dia?
3. O que significa para você seguir os mandamentos de Deus?

Chamada para Ação:

Nesta semana, dedique-se a cumprir seus deveres com alegria. Obedeça aos seus pais e professores e, acima de tudo, siga os mandamentos de Deus. Veja como essa atitude transforma sua vida e a daqueles ao seu redor.

Obedecer aos mandamentos de Deus é nosso principal dever. Isso nos ajuda a viver uma vida abençoada e em harmonia com os outros. Continue se dedicando a cumprir seus deveres e verás como Deus abençoará sua vida.

APONTE A CÂMERA DO CELULAR PARA O QR CODE ABAIXO:

DEVOCIONAL GAMER
O MUNDO DE OTÁVIO

#30

SER MAU NÃO É BOM

Jogando "LEGO Star Wars", enfrentamos muitos desafios e inimigos. Esses inimigos representam o mal, e nossa missão é derrotá-los e salvar o dia. Assim como no jogo, na vida real também precisamos escolher entre o bem e o mal.

A Bíblia nos ensina em Salmos 32:10 que "os maus passam por muitos sofrimentos, mas quem confia em Deus, o Senhor, é protegido pelo seu amor." Isso significa que fazer coisas más traz muitos problemas, enquanto confiar em Deus nos traz proteção e amor.

Exemplos de Atitudes Más:
- Brigar e bater nos outros;
- Xingar e machucar as pessoas com palavras;
- Desobedecer aos pais e professores.

Essas atitudes não trazem nada de bom e fazem com que nós e os outros soframos.

Como Ser Bom:
- Ajudar os amigos e irmãos;
- Falar palavras gentis e de encorajamento;
- Obedecer aos pais e professores;
- Confiar em Deus em todas as situações.

Perguntas de Reflexão:
1. O que significa confiar em Deus?
2. Como você pode ser uma pessoa boa no seu dia a dia?

Chamada para Ação:
Nesta semana, tente fazer escolhas boas. Não brigue, não xingue e não machuque os outros. Em vez disso, seja justo, obediente e bondoso. Mostre que você confia em Deus sendo uma boa influência para os seus amigos.

Ao enfrentar desafios, lembre-se de que ser bom e confiar em Deus é a melhor escolha. Deus está sempre ao seu lado, guiando e protegendo você. Vamos juntos fazer a diferença no mundo!

> "Os maus sofrem muito, mas os que confiam em Deus, o SENHOR, são protegidos pelo seu amor."
>
> **Salmos 32:10**
> NTLH

APONTE A CÂMERA DO CELULAR PARA O QR CODE ABAIXO:

DEVOCIONAL GAMER
OMUNDODEOTAVIO

#31

Não Temas

Hoje, vamos continuar nossa jornada em "Minecraft Dungeons", um jogo desafiador que nos ensina lições valiosas sobre coragem e fé. À medida que avançamos para novos níveis no jogo, os desafios aumentam, assim como na vida real. Mas não devemos temer, pois Deus está conosco em cada batalha.

Quando os israelitas estavam encurralados pelo exército egípcio diante do Mar Vermelho, Deus lhes disse para não temerem e permanecerem firmes. Ele abriu o mar e os salvou. Da mesma forma, Deus está conosco em nossas dificuldades diárias. Ele nos promete Sua presença e ajuda em todas as circunstâncias, dizendo para não temermos, pois Ele lutará por nós.

Perguntas de Reflexão:
1. Quais são os desafios que você enfrenta que te fazem sentir medo?
2. Como você pode confiar mais em Deus durante essas situações?

Chamada para Ação:
Nesta semana, sempre que sentir medo ou enfrentar um desafio, lembre-se dos versículos de Êxodo 14:13-14. Ore e peça a Deus para te ajudar a confiar Nele e não temer.

Deus nos promete Sua presença e ajuda em todas as circunstâncias. Não importa o quão difícil a situação possa parecer, não temas, pois o Senhor está ao seu lado, lutando por você.

"Porém Moisés respondeu:
– Não tenham medo. Fiquem firmes e vocês verão que o SENHOR vai salvá-los hoje. Nunca mais vocês vão ver esses egípcios. Vocês não terão de fazer nada: o SENHOR lutará por vocês".

Êxodo 14:13-14
NTLH

APONTE A CÂMERA DO CELULAR PARA O QR CODE ABAIXO:

DEVOCIONAL GAMER
O MUNDO DE OTÁVIO

O MUNDO DE OTÁVIO

VEM CRESCER COM A GENTE!

O canal "OMundoDeOtávio" no YouTube desempenha um papel crucial na formação de princípios e valores nas crianças nos dias de hoje. Em um mundo onde o conteúdo digital está sempre ao alcance, proporcionar material educativo e inspirador é essencial. "OMundoDeOtávio" combina diversão e aprendizado, criando um ambiente onde as crianças podem se divertir enquanto aprendem sobre importantes lições de vida e ensinamentos bíblicos.

Cada vídeo é cuidadosamente elaborado para transmitir mensagens de amor, respeito, cooperação e fé. O canal utiliza jogos de videogame populares como uma ferramenta para engajar os jovens espectadores, tornando os ensinamentos mais acessíveis e atraentes. Através das aventuras e desafios nos jogos, as crianças aprendem sobre a importância da perseverança, da ajuda mútua e de viver de acordo com os princípios cristãos.

Além disso, o canal destaca a importância da família e da comunidade, mostrando como o apoio e a colaboração são essenciais para superar desafios e alcançar objetivos. Com personagens cativantes e histórias envolventes, "OMundoDeOtávio" não só entretém, mas também educa e inspira as crianças a serem melhores em suas vidas diárias.

Em resumo, "OMundoDeOtávio" é mais do que um canal de entretenimento; é uma plataforma que contribui significativamente para o desenvolvimento moral e espiritual das crianças, preparando-as para serem indivíduos íntegros e responsáveis no futuro.